人生を導く

最強の論語

監修
愛知教育大学名誉教授
皇學館大学名誉教授
野村茂夫
愛知大学名誉教授
安本博

リベラル文庫

学び続ける姿勢が豊かな知となる

学びて時にこれを習う、亦《ま》た説《よろこ》ばしからずや
學而時習之、不亦說乎（学而第一）

一度学び、理解したと思っても、それでおしまいにしては、すぐに忘れてしまいます。理解したことを、心から納得するまで反復する。くり返すことで、本当の知識が身につくのです。

古きものから、新たな価値を見出す

故《ふる》きを温《あたた》めて新しきを知る

温故而知新（為政第二）

移ろいやすい流行に対して、「古い」ものは、変わらない姿で私たちに知恵を授け、勇気づけてくれます。「古い」ものの中から現在に通じる「価値」を発掘することが、今を生きる上での最大の力となるのです。

正直であれば、誇り高く生きられる

人の生くるは直《なお》し。

これを罔《し》いて生くるは、幸《さいわい》にして免《まぬが》るるなり

人之生也直、罔之生也、幸而免（雍也第六）

人が堂々と生きていけるのは、恥じることのない生活を送っているから。正直であることを心がけ、誠実に人と接していれば、余計なことに心が煩わされることもなく、胸を張って生きられるのです。

感情を制する落ち着きを

怒りを遷《うつ》さず、
過《あやま》ちを弐《ふた》たびせず

不遷怒、不貳過（雍也第六）

怒りはとても強い感情で、何かにぶつけたり発散したくなることもあるでしょう。しかし、そうやって怒りを誰かにぶつけても、何の解決にもなりません。それどころか、事態を荒げたり、人間関係を壊してしまう恐れもあります。

強い感情に襲われても、それに支配されず、落ち着いて対峙すること。深呼吸して、サラリと受け流す余裕を持ちましょう。それが成熟の証なのです。

損得にとらわれず、情熱を大切に

利に放《よ》りて行なえば、怨《うら》み多し

放於利而行、多怨（里仁第四）

一時的な損得勘定に振り回されていると、自分の価値基準がぶれてしまいます。忙しい中でも情熱、満足、達成感といった、自分が本当に大切にしている価値を忘れないように。

本質を見極める目を磨く

君子《くんし》は義《ぎ》に喩《さと》り、小人《しょうじん》は利《り》に喩る

君子喩於義、小人喩於利（里仁第四）

優れた人は物事を判断する際、それが人として正しいかどうかを重視します。目先の利益や欲にとらわれることはありません。自分の選択や行動の本質を見極めるようにしましょう。

自分の望まないことは人にもしない

己《おの》れの欲せざる所、
人に施《ほどこ》すこと勿《な》かれ

己所不欲、勿施於人也（衛霊公第十五）

相手の気持ちを想像し、思いやることは人間関係の基本です。自分がされて嫌なことは他人にしないようにしましょう。また、相手の立場や価値観を尊重することも大切。自分は特に気にならないことが、誰かには不快なことかもしれません。気づかないうちにそういう行動をしていないか、振り返ってみましょう。

その上で、自分がされたら喜ぶことを人に行うことができれば、最上です。

思考と知識のバランスが大切

学んで思わざれば則《すなわ》ち罔《くら》し。
思うて学ばざれば則ち殆《あや》うし

學而不思則罔、思而不學則殆（為政第二）

学ぶことは、知識や情報を鵜呑みにすることとは違います。「ここは間違っているんじゃないか」と思った時には、その知識と自分の考えを照らし合わせることで、学びを深めていきましょう。

人の優劣は才能では決まらない

教えありて類《るい》なし
有教無類（衛霊公第十五）

昔から、人は「タブラ・ラサ」（白紙）として生まれてくると言われています。生まれた時は何ものでもなく、だからこそ無限の可能性を持つ存在。そして、学ぶことで成長し続けるのです。

相手の発言に秘められた真意をつかむ

言《げん》を知らざれば、以《もっ》て人を知ること無きなり

不知言、無以知人也（尭曰第二十）

人の言葉に耳を傾けましょう。意味を理解した上で、その言葉の中に、相手のどんな意思が含まれているか、考えてみるのです。発言の真意を見極めれば、その人を知る手がかりになります。

目の前の称賛より、後世に貢献を

君子《くんし》は世を没《お》えて
名の称せられざることを疾《にく》む

君子疾没世而名不稱焉（衛霊公第十五）

自分のしたことで、周りの人たちから称賛されるのは喜ばしいこと。しかし、それよりもっと誇らしいのは、未来の人たちに役立つ仕事をして、自分の死後に感謝されることです。

何かに取り組む時は、目先の成果や結果だけでなく、後世にもたらすものがないかも考えてみましょう。将来にわたって人を喜ばせられる仕事こそが、「良い仕事」と言えるのです。

過去への執着を手放す

成事《せいじ》は説かず、遂事《すいじ》は諫《いさ》めず、既往《きおう》は咎《とが》めず

成事不説、遂事不諫、既往不咎（八佾第三）

過ぎたことを、いつまでもくよくよ後悔しても仕方ありません。

それはもう終わったこと。同じ間違いをくり返さないように気をつけて、新しい目標へ向かうことが大切なのです。

長所を伸ばして、短所を伸ばさない

君子《くんし》は人の美を成《な》す。人の悪を成さず

君子成人之美、不成人之悪（顔淵第十二）

人には長所と短所があります。それを把握するのが上に立つ者の務め。部下の長所は褒めて、その優れた資質を伸ばしてあげること。そして、悪いところは伸びないように注意しなければなりません。

自分の最高の生き方をつかめ

朝《あした》に道を聞きては、
夕べに死すとも可《か》なり

朝聞道、夕死可矣（里仁第四）

あなたの人生は、あなたのもの。どのように生きてもいいのです。しかしそれ故に「自分はこのままでいいのだろうか」と漠然とした迷いを抱くこともあるでしょう。

無数の選択肢の中から、自分にとってかけがえのない生き方を見つけ、そのように生きる。それができれば、あなたが人生を終える時、「悔いはない」と心から言えるはず。生涯を捧げても構わないと思えるものに出会えた人は、幸せなのです。

価値ある生は自分でつくる

人能《よ》く道を弘《ひろ》む。道、人を弘むるに非《あら》ず

人能弘道、非道弘人也（衛霊公第十五）

誰にでも共通した「正しい生き方」があるわけではありません。あなたが毎日を一生懸命過ごし、良い人生を追求していく。そこから初めて、価値のある人生が生じるのです。

はじめに

論語は、孔子とその弟子たちの言葉や行いをまとめた儒教の経典です。東洋を代表する古典として、世界中で読み継がれてきました。儒教というと、難しいイメージを抱いてしまいますが、そこに記されているのは現実的で具体的な生きる知恵です。

二千年以上前の教えなのに、今も色褪せることなく私たちの生きる指針になってくれるのが論語の素晴らしさ。道徳心を大切にしながら前向きな向上心や人付き合いの何たるかを示す論語には、仕事に役立つヒントもぎっしり詰まっており、有名な経営者たちにも多く愛読されています。

あなたにとっても、人生の指針になる一節がきっと見つかることでしょう。

もくじ

第一章　成功をつかむ挑戦

第二章 自分を磨く学び方

第三章　円滑なコミュニケーション

第四章　壁に当たった時の問題解決

第五章 チーム力を高める人間関係

第六章　人生を豊かにする向上心

第一章

成功をつかむ挑戦

飛び込む勇気が未来を変える

義《ぎ》を見て為《せ》ざるは、勇《ゆう》なきなり

見義不爲、無勇也（為政第二）

人は未知のものを恐れます。

自分が未経験のことに対峙する時は、それが実際よりも高いハードルに見えて、「失敗するんじゃないか」「恥をかくのではないか」と縮こまってしまいがちです。

しかし、失敗や恥をかくのを恐れて新しいことに挑戦しないでいると、いつまでたっても自分の殻を破ることはできません。

自分で自分の限界を決めてしまえば、それまでです。

自分が挑戦したいもの、やるべきことを見定めたのであれば、勇気を奮って、決断してみましょう。

あとは全力で打ち込むだけです。

選り好みせず経験することが、成長の礎になる

吾《わ》れ少《わか》くして賤《いや》し。故《ゆえ》に鄙事《ひじ》に多能《たのう》なり

吾少也賤、故多能鄙事（子罕第九）

会社に属していると、自分の望まない仕事を任されることもあります。そんな時に、やりたい仕事でないからといって、いい加減に仕事を片付けるのは、とてももったいないことです。会社にとって、意味のない仕事はありません。それがどんな意味を持つのかを考え、積極的にそこから学ぶ姿勢が肝心です。

会議の議事録をとるという一例を取ってみても、会社の会議の進行方法、今問題になっていること、その解決案、誰の発言権が強いのかといった点を知ることができます。

まずは自分の置かれている場所から、着実に学んでいくことが、自分を成長させてくれるのです。

学び、行い、親切にし、信じる心を大切に

子《し》、四《よ》つを以《もっ》て教《おし》う。文《ぶん》、行《こう》、忠《ちゅう》、信《しん》

子以四教、文行忠信（述而第七）

「学び」は、インプット（学習）したものを、きちんとアウトプット（実践）して、初めて意味を持ちます。

では、実践に移せばそれでいいのでしょうか。

孔子が生きていた時代には「学び」には礼儀の実践、楽器の演奏なども含まれていましたが、孔子はそれらを「形式的にこなす」ことを厳しく戒めています。それらをただ行うのではなく、実践を通じて人への親切を尽くしたり、周囲への信頼の心を表すことが大切なのだと説かれています。

学びを実践する時は、そこに込める思いや真心を忘れないようにしましょう。

強く願うことが、理想への第一歩

仁《じん》遠からんや。我《わ》れ仁《じん》を欲すれば、斯《ここ》に仁《じん》至る

仁遠乎哉、我欲仁、斯仁至矣（述而第七）

自分が将来、どのような人物になりたいか、理想像を思い浮かべてみましょう。

「上司に厚く信頼され、同僚に好かれ、部下には頼られる。みんなから爽やかなイメージを持たれていて、異性にモテて……」と考えたところで、現実の自分とのギャップに思い至って、愕然とするだけかもしれません。

しかし、悲しむことはありません。自分が「こうなりたい！」と強く願い、行動を起こせば、その理想は大きく近づいてきます。「光り輝く未来の理想」というのは、到達できないほど遠いものではないのです。

自ら苦労を負える人が、大きな財産を勝ち取る

これに先《さ》きんじ、これを労《ろう》す

先之勞之（子路第十三）

自ら率先して新しいことに挑戦するのは、勇気が必要です。誰も経験したことがないのですから、頼れる人はおらず、自分で道を切り開いていかなくてはなりません。それは困難が多く、苦労の絶えない道となるでしょう。

しかし、新しいことに果敢に挑んでいくことは、とても貴重な経験です。それは、誰も知らなかった世界を、あなたが先頭に立って知っていくという過程に他なりません。多くの発見があり、様々な学びを得ることができるでしょう。

挑戦には、苦労や責任がつきものですが、それを担うことが、将来のあなたにとっての財産にもなるのです。

人の真価は、言葉と行動に表れる

言《げん》に尤《とがめ》寡《すく》なく行《こう》に悔《くい》寡なければ、禄《ろく》は其《そ》の中《うち》に在《あ》り

言寡尤行寡悔、祿在其中矣（為政第二）

口だけ達者で、常日頃から大きなことを言い、実際の行動が伴わない人には、誰もついていきません。

自分が考えていることやしたいと思っていることを人に伝えるには、言葉しかありません。だからこそ、自分が発する言葉は慎重に選び、その言葉に責任を持つように心がける必要があります。

もちろん、行動が伴ってこそ言葉に誠意が宿るというもの。心の込もった言葉と、それを裏付ける行動があって、人を説得したり、相手の心に届く力を持つのです。

誠心誠意の言葉を用い、その言葉にきちんと行動が伴うのであれば、自然と人もついてきますし、仕事の結果にも表れるはずです。

身近な人を幸せにすることが、大きな成功に発展していく

近き者説《よろこ》び遠き者来たる

近者説、遠者來（子路第十三）

組織の中で重要なポストを占めるようになると、自分の求心力がどれくらいのものか、気になってくるものです。自分にはどれだけの魅力があって、どれだけの人間を惹きつけることができるのだろうか……。

そう思った時には、まず身近な上司や同僚、部下のことを考えてみましょう。身近な人間があなたを信頼していて、一緒に仕事をすることを心から楽しく感じているのであれば、遠くの人も慕って近づいてくるはずです。

いきなり大それた目標を立てるのではなく、身近な人の幸せを大切に育てていけば、やがてその芽は大きく実を結ぶでしょう。

限界を決めつける心が、
成功への道を閉ざす

力足らざる者は中道《ちゅうどう》にして廃《はい》す。今女《なんじ》は画《かぎ》れり

力不足者、中道而廢、今女畫（雍也第六）

「自分にはこれはできない」「こんなことは無理だ」と、最初から自分で見切りをつけてしまうほど楽なことはありません。そうすれば難事に挑む苦労もなく、手ひどい失敗をして傷つくこともないからです。

ですが、なぜまだやってもいないのに「できない」「無理」だと判断できるのでしょうか。どんなに難しいことでも、可能性がゼロとは言い切れません。全力を尽くしたのであれば、たとえ失敗したとしても、それは「学び」であり、貴重な経験にもなります。

何もやらないうちから諦めるのではなく、一度は力を尽くすこと。それが将来の成功の第一歩となるのです。

立派な言葉より
堅実な行動が評価をもたらす

君子《くんし》は言《げん》に訥《とつ》にして、行《こう》に敏《びん》ならんと欲す

君子欲訥於言、而敏於行（里仁第四）

美辞麗句を並べ立てるより、実際に行動し、その結果を示す方が人を説得する力を持ちます。

行動が伴わない言葉は、ただの飾りにすぎません。

１００％完璧な行動ができなければ意味がない、と考える必要はありません。たとえ完璧でなくても、行動する姿を見せることによって、相手にその意思を伝えることができます。今の自分に不足している知識や経験が何かもわかり、それを次につなげることができるでしょう。

飾り立てる言葉を探すのではなく、黙って行動に移すことが、成功への第一歩です。

行動に移さないのは、
本気ではないから

未《いま》だこれを思わざるなり。
夫《そ》れ何の遠きことかこれ有らん
未之思也、夫何遠之有哉（子罕第九）

恋するものがあまりに遠すぎて、「この想いは届かないだろう」と嘆く言葉に対し、孔子は「届かぬようでは、そんな想いは最初から想いとは言えない」とピシャリと言い放ちます。

これは、恋愛だけに通じる言葉ではありません。

いくら遠く離れていても、どれだけ難しいことであっても、それを乗り越えてみせるという強い気概があれば、困難は困難でなくなるのです。

もし、やりたいことがあるのに行動を起こせないのだとしたら、それはまだ本気になっていないからかもしれません。自分の熱意を奮い立たせ、思い切って挑戦してみましょう。

自分の信じる道を貫く強さを

仁《じん》に当たりては、師にも譲《ゆず》らず

當仁不讓於師（衛霊公第十五）

人から「それは間違っているんじゃないか」と言われれば、自分が行っていることが正しいのか、自信を持てなくなってしまうのは無理からぬことです。ましてや、そう指摘する人が自分の尊敬する上司や先輩なら、なおのことでしょう。

そのような指摘を受けた時、自分の行動が本当に正しいのかと反省するのは大事なことですが、それでも自分のしていることが間違っていないと確信できるのであれば、無理に自分の考えを曲げる必要はありません。

あなたが心の底から正しいと思える道なら、自信を持ってその道をまっすぐに進んでいきましょう。

「捨てる」決断が
大きな実りをもたらす

小《しょう》、忍《しの》びざれば、則《すなわ》ち大謀《たいぼう》を乱《みだ》る

小不忍、則亂大謀（衛霊公第十五）

人にはそれぞれ、自分の考えややり方があります。それを行動の軸にすることは大切ですが、あまりに細かいことにこだわるのも問題です。小さなこと、取るに足らないことについては、きっぱりと「捨てる」のも大事です。

物事には優先順位があり、些事にこだわっていると、大きな目標を達成できない場合があります。そういう時は、我慢や妥協も必要になるでしょう。

自分が実現したいことはそもそも何だったのかを、気持ちを落ち着かせて考え直してみれば、何が「小事」で、何が「大事」なのか見えてくるはずです。

最後の一歩で仕事の完成度が決まる

未《いま》だ一簣《き》を成《な》さざるも、止むは吾《わ》が止むなり

未成一簣、止吾止也（子罕第九）

「あともう一歩で完成だ」という時に手を離してしまえば、仕事はいつまでも終わらないままです。たとえ99％まで終えていたとしても、残りの1％を完成させることを放り出してしまえば、結果としては何もしていないのと同じなのです。

最初から最後まで、神経を張りつめて仕事を完遂するのは大変なことですが、残りの1％で手を抜いて、これまで頑張ってきた99％を台無しにしてしまうことほどもったいないことはないでしょう。

残りの「あと一歩」には、これまでの「99歩」が生きるか死ぬかがかかっているのです。最後の一瞬こそ、最も気を引き締める時だという気持ちで臨みましょう。

人生、何が起こるかわからない。
チャンスを逃さず挑戦を

苗《なえ》にして秀《ひい》でざる者あり。秀でて実らざる者あり

苗而不秀者有矣夫、秀而不實者有矣夫（子罕第九）

　戦争や災害、深刻な病気など、理不尽としか言いようがないことは、どんな人の身にも起こること。それは誰にもコントロールできません。

　そんな中、私たちにできることは、目の前の日々を精一杯生きること。何が起こるかわからない人生を嘆くより、自分の可能性を賭けられる機会を逃さないようにしましょう。チャンスは何気ない日常の中に、たくさん潜んでいるのです。

　毎日を丁寧に過ごし、いざという時に挑戦する姿勢を持つことが、実り多い人生につながります。与えられた時間を活かしきるという思いを大切にしましょう。

コラム

孔子について

孔子（名は丘《きゅう》、あざなは仲尼《ちゅうじ》）は紀元前５５２年、小国だった魯《ろ》（山《さん》東《とう》省）に生まれました。身長は２メートルを超える偉丈夫《いじょうぶ》でした。武人の父と、巫女《みこ》だったと推測される母を幼い頃に失い、孔子は貧窮の中、独学で学問と礼を修めます。

下級役人として生計を立てていた孔子が、優れた学者として評価され始めるのは30歳を過ぎた頃からです。

徳によって国を治めるという理想を実現するために、政治参加を志しますが、なかなかチャンスがなく、大きなポストを得られたのは52歳の時。しかし、まもなく失脚し、長い放浪の旅へ出ることになります。

高い理想を掲げ、現実を変えようと精力的に活動し続けた孔子の人生は、苦難に満ちたものでした。逆境に対して怯《ひる》むことなく、挑戦し続けた孔子の生き方や思想は、今の私たちに受け継がれているのです。

第二章

自分を磨く学び方

豊かさを学びに投資することが、新たな豊かさを生む

曰《い》わく、既《すで》に富《と》めり。又《ま》た何をか加えん。
曰《のたま》わく、これを教えん

曰既富矣、又何加焉、曰教之（子路第十三）

学ぶことには苦労も伴いますし、時間もかかります。お金がかかることもあるでしょう。普段の慌ただしい生活の中で、継続的に学習するのは、なかなか難しいことです。

それでも、自由に使える時間が見つかったり、金銭的に余裕が生まれたりする時が、必ずあります。自分自身の成長のためには、そういう機会を逃さないようにすることが大切です。

お金や時間は使えばなくなってしまうものですが、学んだことは絶対に消えることがない、一生ものの財産です。生活に余裕のある時は対価を惜しむことなく、自分の学びに投資するようにしましょう。

学ぶことで新たな世界が広がる

学べば則《すなわ》ち固《こ》ならず
學則不固（学而第一）

自分が経験してきたことは大きな糧になりますし、身近な人から聞く話も貴重なものです。しかし、それだけで物事を判断するのは危険なこと。自分が思っているよりも世界はずっと広く、ずっと豊かなものなのです。

本を読めば、自分の生きている世界から飛び出して、既に亡くなってしまった人たち、直接知り合うことはできないような遠くの人たちの考えに触れることができます。それは、自分の知らなかった世界を知り、自分のこれまでの考え方や狭い価値観を突き破るための力につながります。

学ぶほど、あなたは自由を手にするのです。

学びを楽しむ心が、最大の原動力

これを知る者はこれを好む者に如《し》かず。
これを好む者はこれを楽しむ者に如かず
知之者不如好之者、好之者不如樂之者（雍也第六）

「好きこそ物の上手なれ」という言葉があります。

学ぶ際に最も肝心なのは、それを好きになることです。子どもは、興味を持ったことはたちどころに覚えてしまいます。例えば歴史が大好きなら、特別な努力を払わなくても人名や年号を自然に覚えてしまうもの。そうして得た知識は、ただの丸暗記よりもずっと生き生きとしたものになり、深く根付きます。

心から好きなものに打ち込むことが、物事の本質を会得する秘訣です。本質を極めたいと思ったら、頭で努力するばかりでなく、そのものを好きになることから始めましょう。それを超えて「楽しめる」ようになれば、習熟の域に達していると言えます。

しっかりとした基礎をつくることが、難題に対処する力を育む

君子は本《もと》を務《つと》む。本《もと》立ちて道生ず

君子務本、本立而道生（学而第一）

どれだけ細かな知識を蓄え、枝葉末節にこだわったところで、基本をおろそかにしていると、それも砂上の楼閣になってしまいます。何かを極めようと思ったら、最も重要なこと、物事の本質を最初に把握することが、結局は一番の近道になるのです。確固とした土台をつくることで、もっと複雑な問題、もっと難しい事態にも対処する力を養うことができます。

ビジネスにおいても、「自分がやっている仕事は、会社にとってどのような意義があるか」「将来、この経験をどう活かせば良いか」と大局的に物事を見れば、今やるべきこと、進むべき方向がつかめてくるでしょう。

学びは活かしてこそ、
その力を発揮する

多しと雖《いえ》ども亦《ま》た奚《なに》を以《もっ》て為《な》さん

雖多亦奚以爲（子路第十三）

学びは、あなたに新鮮な知識や広い視野、成長、そして自分も周りの人も幸せにする力を与えてくれます。それこそ、人が学ぶ意義だと言えるでしょう。

しかし、何の目的もなく、ただ漫然と学んでいるだけでは意味がありません。それは、使う目的もなく貯金をしているようなもの。せっかく貯めたお金も、何かに使わなければ効力を発揮することはなく、眠り続けるだけです。

学びは「それをどう活かすか」という目的意識が重要です。学んだことを行動に移し、活かしてこそ、あなたの努力が輝き、人生が豊かになってゆくのです。

学びは人に見せるものではなく、
自己成長に役立てる

古《いにし》えの学者は己《おの》れの為《た》めにし、
今の学者は人の為めにす

古之學者爲己、今之學者爲人（憲問第十四）

人に見栄を張るために学ぶことほど、みっともないことはありません。資格を取ったことを自慢したり、「自分はこんなに勉強をしているんだ！」と吹聴して褒められようとするのは、順序が逆です。人に認められるための勉強は、表面的な学びになってしまう上に、アピールできる相手がいなくなれば長続きせず、結局身につかないまま終わってしまいます。

学びは人に見せるためのものではなく、自分の成長を促し、自分と周りの人たちを豊かにするためのものです。日頃から学んで自分を磨き、実のあることを成し遂げていけば、人の評価はあとから自然とついてくるものなのです。

無知を認めることが、
真の知性を磨く

これを知るをこれを知ると為《な》し、
知らざるを知らずと為せ。是《こ》れ知るなり
知之爲知之、不知爲不知、是知也（為政第二）

古代ギリシャの哲学者であるソクラテスは、「無知の知」という言葉を残しています。自分の知識が完全ではないこと、自分が知らないということを知ることの重要性を指摘したものです。「知っていること」と「知らないこと」の区別をつけることこそが、真に「知っている」状態なのだと示しています。

「すべて知っている」と思い込んでしまえば、そこで学びは終わってしまいます。学びというのは、深めれば深めるほど、知識が増えると同時に、自分が知らないことに気づけるようにもなるもの。そして、その「気づき」が、また新しい知識を得ることにつながっていくのです。

学びに年齢の壁はない

敏《びん》にして学を好み、下問《かもん》を恥じず

敏而好學、不恥下問（公治長第五）

学ぶことは、身分や年齢に関係なく、誰もが平等にできることです。自分の意思次第で、どんなに若くても、深く物事を理解するべく学問の道を追究することができます。一方、何も身につけることなく、年を重ねてしまうこともあります。

知識や教養の面においては、自分より若い人や部下だからといって、それだけで軽視することは禁物です。もしかしたらあなたの部下は、ずっと先の道を歩んでいるかもしれません。

また、物の見方は世代によって少しずつ変わるものです。自分とは違う世代の中で生きてきた人だからこそ見える世界から学び、自分の糧にしていきましょう。

勉学にいそしむ前に、人とのつながりを大切にする

行《おこ》ないて余力あれば、則《すなわ》ち以《もっ》て文を学ぶ

行有餘力、則以學文（学而第一）

自分を高めるために学ぶのは素晴らしいことですが、そのためにもっと大事なことをおろそかにしてしまうのは本末転倒です。

家族をいたわることなく、自分が住んでいる地域のことにはまるで無関心で、ただ勉学に打ち込んでいても、その学びは自分の人間性を磨くものにはなりません。

勉強してたくさんの知識を得て、世の中のことを知るその前に、誠実な思いやりを持って、分け隔てなく人と付き合えるような人間になることが第一です。

人とのつながりを大切にするという基本ができて初めて、勉強することの意味が生まれるのです。

どのように学ぶかが、道を分かつ

与《とも》に共に学ぶべし、未《いま》だ与に道に適《ゆ》くべからず

可與共學、未可與適道（子罕第九）

同じ会社に入って、同じ内容の研修を受け、同じような仕事を与えられていても、年月を経ると、出せる成果は人によって大きく変わります。

なぜ、それだけの差が生まれるのでしょうか。それは学ぶ姿勢の違いです。人の意見を理解しようと努め、積極的に考え、主体的に動くのと、人の話を聞き流し、与えられた仕事を事務的にこなすのとでは、そこから得られる経験の質が大きく変わるのです。

何を学ぶかは、重要です。しかし「どのように」学ぶかは、それ以上に重要なのです。ただ受け身でいるのではなく、主体的に学び、成長につなげていきましょう。

自分で調べ、確かめる習慣が本質を見抜く目を養う

衆《しゅう》これを悪《にく》むも必《かな》らず察《さっ》し、
衆これを好むも必らず察す

衆悪之必察焉、衆好之必察焉（衛霊公第十五）

人や物事を正しく判断するためには、できるだけ客観的に、曇りのない目で見なければなりません。

「みんなが悪く言っているから」「みんなが褒めているから」というのはアテになりませんし、そもそもその判断には自分の考えや意見がまったくありません。その判断に対して責任を取ることもできません。

他人の言うこと、新聞記事、本に書かれていることが、100%正しいわけではないということを忘れてはいけません。周囲の意見に振り回されることなく、自分で調べて確かめてみることが、責任ある大人の第一歩です。

学びを貢献に変えることが、豊かさを生む

己《おの》れを脩《おさ》めて以《もっ》て人を安《やす》んず
脩己以安人（憲問第十四）

ただひたすら勉強を続け、知識を増やしていくことが学びの本質ではありません。学ぶことが貴いのは、得た知識をもとにして、人や社会に貢献できるようになるから。自分の知識欲や向上心を満たしたいという段階を超えて、誰かの役に立ちたい、人に安らぎや満足を与えたいという思いが芽生えた時、あなたの学びは大きな豊かさを生み出すようになるでしょう。

学びに打ち込んでいる過程で、時には立ち止まり、その学びがどう役立てられるのかを考えてみましょう。自分の学びが自分だけのもので終わらず、大きなものにつながってゆくと感じられた時、学びをさらに深めてゆく原動力が得られるはずです。

孔子の弟子

学者としての名声を高めた孔子のもとには、弟子入りを志願する者が徐々に集まりました。最終的には、弟子の数は３０００人にもなったと言われています。

この数多くの弟子たちの中でも、特に優れた弟子は「孔門十哲《こうもんじってつ》」と呼ばれ、『論語』でもたびたび登場します。

弟子たちとのやり取りでは、孔子もときどき感情を露《あら》わにすることがあります。

例えば宰我《さいが》という弟子が昼間から寝ているのを見て、孔子は「こんな人間は叱る価値もない」とまで激怒しています（単に昼寝していただけで、ここまで怒るのは奇妙なので、女性と同衾《どうきん》していたのではないかという説もあります）。

また、最愛の弟子である顔淵《がんえん》が死んでしまった時は「天は私を滅ぼした」と嘆いており、弟子への強い愛情を感じ取ることができます。

第三章

円滑なコミュニケーション

礼儀に込められた
思いやりの心を大切に

礼の用《よう》は和《わ》を貴《たっと》しと為《な》す

禮之用和爲貴（学而第一）

どんな社会にも礼儀やマナー、慣習といったものが存在します。しかし「ルール」にがんじがらめになると、窮屈に感じてしまうことがあるかもしれません。

そんな時は、ルールが生まれてきた背景についてちょっと考えてみてはどうでしょうか。

例えば礼儀は、人に対して敬意を払い、それを示すことによって、良い関係をつくるためのものです。「行動の型」として礼儀が大切なのではなく、その背景にある「気持ち」が大切なのです。礼儀を通じて、その気持ちをしっかりと表すことが、人間関係を円滑なものにしてくれるのです。

言葉は相手に伝わってこそ意味がある

辞《じ》は達するのみ

辭達而已矣（衛霊公第十五）

コミュニケーションは、言葉が基本。

言葉は、人と意見や考えを共有するための一番強力なツールです。自分が思っていることをきちんと相手に伝えることができるから、言葉は有用なのです。

格好をつけたいがために難しい言葉を使ってみたり、遠回しな皮肉を言ったりしてみても、それは生きた言葉とは言えません。自分が何を伝えたいのかを明確にして、それをストレートに表現することに意味があるのです。

まっすぐに表現すれば、相手にまっすぐ届きます。コミュニケーションは、そこから始まるのです。

うわべの言葉を並べるより、心の込もった一言を

巧《こう》言《げん》令《れい》色《しょく》、鮮《すく》なし仁《じん》

巧言令色、鮮矣仁（学而第一）

論語の「剛《ごう》毅《き》木《ぼく》訥《とつ》、仁に近し」という教えでは、ベラベラとおしゃべりをするのは、あまり誠実なものではないと指摘しています。どんなに言葉巧みにしゃべっても、うわべだけであれば意味がないということです。取り繕った言葉に、真心はありません。それは聞いている人にも伝わってしまいます。

自分の思いを相手に届けたいのなら、余計な飾り立てをせず伝えましょう。「伝えたい」という誠実な気持ちで話せば、シンプルな言葉でも十分に届きます。そんなあなたの姿勢に、周りの人は信頼を抱き、丁寧に耳を傾けてくれるようになるでしょう。きれいな言葉より、思いの強さが人を動かすのです。

人の仕事に、余計な口出しはしない

其《そ》の位《くらい》に在《あ》らざれば、其の政《まつりごと》を謀《はか》らず

不在其位、不謀其政也（泰伯第八）

自分が過去に成し遂げた課題に、人が直面しているのを見ると、そのやり方につい口を出してしまいたくなるものです。

良かれと思ってアドバイスをしても、それが本当にその人のためになるか、長い目で考えてみることも大切です。試行錯誤しながら、問題を解決するべく努める時間は、人の成長を促すもの。失敗や無駄も、今後の成長の糧になるのです。また、一度任せた仕事に指示を出しすぎると、「自分は信用されていないのか」と相手のモチベーションを削ぐことにもなりかねません。

大きな間違いを犯さないように見守りつつ、若い人に裁量を与え、任せる度量も必要です。

自分の意見も
相手の意見も尊重する

君子《くんし》は矜《きょう》にして争わず、群《ぐん》して党《とう》せず

君子矜而不争、羣而不黨（衛霊公第十五）

良い人間関係を築くことは、ただ仲良くする、相手の意見に同調するということではありません。

「揺るぎない自分」があった上で、自分とは違う意見をよく考えたのちに受け入れたり、納得できないことはきっぱりと「違う」と言う。それが本当の人付き合いというものです。

一つの意見が異なっているからといって、その人自身を否定することもありません。自分の信じることを大切にしつつ、異なる考えや意見も尊重し、良いものは取り入れる姿勢を持つ。そうすれば、無駄な言い争いもなくなりますし、お互いに視野も広がっていくでしょう。

陰口や情に振り回されない冷静さが、正しい判断につながる

浸潤《しんじゅん》の譛《そしり》、膚受《ふじゅ》の愬《うったえ》、
行なわれざる、明《めい》と謂《い》うべきのみ

浸潤之譛、膚受之愬、不行焉、可謂明也已矣（顔淵第十二）

悪口や切実な主張というものに人は動かされやすいものですが、情に訴えかけるだけの言葉には注意が必要です。

感情によって放たれる言葉は、それを受け止めた人の感情も刺激し、判断や認識を揺るがせます。しかし、移ろいやすい感情から出た言葉は、必ずしも根拠があったり、筋道を立てて生まれたものではありません。

もちろん、人間関係を築く上では感情も大切です。しかし、ビジネスで人の言葉を判断する時は、情に流されることなく、自分の理性を働かせる必要があります。そうすれば、公平に物事を捉える力がついていくでしょう。

忠告は、タイミングが鍵

忠告して善《ぜん》を以《もっ》てこれを導《みち》びく。
不可《ふか》なれば則《すなわ》ち止《や》む

忠告而以善導之、不可則止（顔淵第十二）

友人や同僚が間違いをしたり、悪い方向に向かっていると感じたら、改善するために注意してあげたいと思うこともあるでしょう。それが自分にとって大切な人であれば、なおさらです。

しかし、人はいつでも意見を受け入れる余裕があるとは限りません。どんな正論であっても、気分を害したり、価値観に反することは受け入れたくないということもあるでしょう。そんな時に、「言うことを聞け」と強制するのは逆効果。良かれと思ってしたことが、相手との関係を壊すきっかけになるかもしれません。

忠告は効果的に伝わる時を狙って、さりげなくするようにしましょう。

発言の機を逃さない

与《とも》に言うべくしてこれと言わざれば、人を失う。
与に言うべからずしてこれと言えば、言《げん》を失う

可與言而不與之言、失人、不可與言而與之言、失言（衛霊公第十五）

「あの時、ちゃんと言っておけばなぁ」「あんな状況で言うことじゃなかったなぁ」と後悔した経験は、誰にでもあるのではないでしょうか。時にはそんな失敗をするのも仕方のないことですが、それをくり返していると、信頼を失ってしまいます。

相手に伝えたいことがあっても、その人が忙しい状況にいると、うまく伝わらないかもしれません。反対に、聞く準備が整っていそうなら、お茶を濁さず、はっきり言うようにしましょう。

人の置かれている立場や経験を考慮に入れて、それに応じたメッセージを送る。それができれば、周りから深く慕われるようになるでしょう。

自分には厳しく、他人には寛大に

躬《み》自ら厚くして、薄く人を責《せ》むれば、
則《すなわ》ち怨《うら》みに遠ざかる

躬自厚、而薄責於人、則遠怨矣（衛霊公第十五）

難しい課題の前で立ち止まり、戸惑い、間違いを犯し、失敗してしまうのは当たり前。それでもめげずに挑戦していくことが大切です。どこで躓《つまず》いたのか、自分の間違いを厳しく反省しつつ、次に活かすことが、大きな飛躍へとつながります。

それに対して、他人のミスを取り上げて非難することは、何の生産性もなく、ただその人からの恨みを買うだけです。他人の失敗は、その人の成長の過程です。その芽を摘むことなく、フォローに回ることで、ともにレベルを上げるチャンスに変わるのです。

お互いが切磋琢磨し合い、苦しい時には手を取り合う。同じ組織の仲間とは、そんな関係を築きたいものです。

他人に対して誠実な人は、必ずそばに助けてくれる人がいる

徳は孤《こ》ならず。必らず鄰《となり》あり

徳不孤、必有鄰（里仁第四）

孤独になることを恐れて多くの人と付き合っても、関わり方に誠実さがなければ、関係は長続きしません。あなたの孤独の埋め合わせに利用された相手は、近いうちに去ってゆくでしょう。

大切なのは、多くの人と関わることより、一人ひとりと誠実に向き合うこと。誠実に人と向き合っていれば、あなたのそういう生き方や価値観、考え方に親しみを感じ、敬ってくれる人が必ず現れます。そして、時とともに、あなたの周りには自然と人が集まってくるでしょう。孤立とは無縁の人生になってゆきます。

目の前の人を大切にすることが、大きな人の輪につながる。それがあなたを支えるのです。

コラム

『論語と算盤』

日本で論語の存在を強く印象づけたきっかけとして、渋沢栄一の『論語と算盤《そろばん》』の刊行が挙げられます。

論語は儒教思想を代表する書物であり、国家を治めるための学問として受け止められることが多かったのですが、経営的・実利的な観点から論語を読み解いたのが、渋沢栄一です。

渋沢は官僚を退官後、数多くの企業の設立・経営に関わったことで、「日本資本主義の父」とまで呼ばれました。その経営哲学としてあったのが、他ならぬ論語でした。

渋沢は「正しい道理の富でなければ、その富は完全に永続することができぬ」と利益至上主義を諫《いさ》めながら、道徳と経営の一致を説いています。

また「一個人に利益ある仕事よりも、多数社会を益して行くのでなければならぬ」と公益の重要性も訴えました。実際に、渋沢は多くの社会貢献事業にも関わったのでした。

第四章

壁に当たった時の問題解決

失敗を認めないことが、一番の失敗

過《あやま》ちて改《あらた》めざる、是《こ》れを過ちと謂《い》う

過而不改、是謂過矣（衛霊公第十五）

失敗してしまった時に、自分が間違っていたことを認めるのは悔しいことですし、プライドも傷つきます。どんな人でも、原因を別のところに求めたり、言い訳をしたくなるものです。

しかし、頑固になって自分のミスではないと主張しても、失敗した事実がなくなることはありません。それどころか、間違った方法にこだわることで、ますます損失が拡大していってしまいます。それこそが、最大の失敗ではないでしょうか。

まずは自分の失敗を認めることです。そうすることで、どこが間違っていたのかを探ることができます。問題点が見つかれば、解決策もじきに見えてくるでしょう。

逆境に腐らない心が物事を好転させる

歳《とし》寒くして、然《しか》る後《のち》に松柏《しょうはく》の彫《しぼ》むに後《おく》るることを知る

歳寒、然後知松柏之後彫也（子罕第九）

運や巡り合わせによって、物事すべてが順調に進むことがあります。こういう時は自信もつき、さらに意欲的に仕事に取り組むことができるので、好循環を生むでしょう。

しかしその一方で、何もかもうまくいかない時もあります。これまでと同じ行動をしていても、なぜか結果が伴わず、物事が悪い方向へと進んでしまうのです。不調な時は、努力が無意味なものに思えるかもしれませんが、自棄になったらおしまいです。

悪い時期にこそ、腐らず、たゆまぬ努力を払うこと。そうすれば、いつか必ずまたいい流れが訪れます。そこを乗り越えられるか否かで、その人の真価が問われるのです。

自分の中に原因を探せ

君子《くんし》は諸《こ》れを己《おの》れに求む。小人は諸れを人に求む

君子求諸己、小人求諸人（衛霊公第十五）

自分が関わった仕事がうまくいかなかった場合、「運が悪かった」「企画に問題があった」など、原因は色々なところに見つけることができます。

しかし、弁解や責任のなすりつけ合いをしていても、事態が改善に向かうことはありません。また、そういう姿を見せることで、周りからの信頼を失ってしまう恐れもあります。

あなたが関わっている以上、あなたにも原因の一端はあるはず。まずは、自分に落ち度はなかったか、もっと適切な行動があったのではないかと反省することです。そうして初めて、次につなげることができるのです。

トラブルに振り回されない心の強さを持つ

君子《くんし》固《もと》より窮《きゅう》す。小人《しょうじん》窮すれば斯《ここ》に濫《みだ》る

君子固窮、小人窮斯濫矣（衛霊公第十五）

　どれだけ優秀な人間であっても、しくじることもあれば、困った事態に直面したり、トラブルに巻き込まれることもあります。差が生まれるのは、その後の対処の仕方です。

　予想もしていなかったトラブルが生じた時には、パニックに陥らないこと、慌てないことが大切です。問題が大きければ大きいほど、感情に振り回されてしまうものですが、そのような状態で問題を解決することは不可能です。

　トラブルが起こったら、まず一つ深呼吸を。それから向き合えば、適切な対処ができます。いかなる状況にも振り回されず、どっしりと強い芯を持って対処する力を養いましょう。

一人の世界にとどまらず、書物や人の力を借りる

吾《わ》れ嘗《かつ》て終日《しゅうじつ》食《く》らわず、終夜《しゅうや》寝《い》ねず、以《もっ》て思う。益なし。学ぶに如《し》かざるなり

吾嘗終日不食、終夜不寝、以思、無益、不如學也

（衛霊公第十五）

独力で解決できそうな仕事であれば、自分なりに考え、工夫をしてチャレンジするのは良い経験になりますし、自信もつきます。

ですが、自分一人の力では太刀打ちできないような大きな問題を抱え込んでしまった場合、延々と「どうしようか」と悩んでいても、時間を無駄にするばかりです。

そんな時は、一人で考え込むのはやめて、書物を開いてみたり、上司や先輩に相談してみましょう。一人の思考では、どうしても視野が限定されてしまうもの。違う目線が一つ入ることで、途方もなく思えた問題があっさり解決してしまうこともあります。「書物や人に頼る」ことも、問題解決のための立派な選択肢なのです。

過ちは、迷わずすぐに改める

過《あやま》てば則《すなわ》ち改《あらた》むる憚《はばか》ること勿《な》かれ

過則勿憚改（学而第一）

私たちが間違いや失敗を恐れるのは、それが起きた時に自分の評価が下がったり、周りからの信頼を失うのでは、と不安になってしまうから。こうした不安がふくらむと、失敗を避けるために挑戦そのものを諦めてしまうこともあります。

しかし、間違いは誰にでもあること。新しいことや知らないことに挑戦した時、ミスや失敗はつきものです。間違えることは、決して悪いことではありません。

大切なのは、過ちに気づいたらすぐに改めようとする姿勢。それを心がけ、素早くミスを取り返す努力を行えば、過ちはただの通過点になります。過ちを恐れず、行動していきましょう。

問題の芽を未然に摘むことが、最高の解決策

人にして遠き慮《おもんぱか》り無ければ、必《かな》らず近き憂《うれ》い有り

人而無遠慮、必有近憂（衛霊公第十五）

一つの重大事故の背後には、29の軽微な事故があり、その背景にはさらに300もの異常があるという「ハインリッヒの法則」と呼ばれる法則があります。

重大な事故というものは、突発的に起こるわけではなく、その前兆があるものです。小さな事故や異常を、些細なことだからといってその場限りの処理で済ませてしまうのは、将来生じるかもしれない大問題を放置することと変わりありません。

未来に起こり得るあらゆる問題の芽を摘むことを念頭に入れて、目の前の課題を解決していく。そんな意識を持って仕事にあたることが大切です。

考え抜いたら、もう考えない

再び思えば斯《こ》れ可《か》なり

再思斯可矣（公冶長第五）

一度考えたことをそのまますぐに行動に移すのは、ちょっと軽率です。どんなに良い案でも、もう一度は立ち止まり、本当に実行する価値があるのか、改めて慎重に吟味することが大切です。その上で、やるべき価値があると思えるのであれば、その先はもう迷うことなく行動しましょう。

それ以上考えすぎてしまうと、うまくいかない可能性や、もっと自分の利益が出る方法がないか、などと余計なことを考えてしまうもの。それでは、いつまでたっても行動に移せません。

二度しっかり考えて「これはやるべきことだ」と思ったなら、あとは前進あるのみです。

見つめるべきは
運命や他者ではなく、自分自身

天を怨《うら》みず、人を尤《とが》めず

不怨天、不尤人（憲問第十四）

仕事がうまくいかなかったり、プライベートで問題が起こった時、自分の不運を嘆いたり、他人を恨んだり妬んだりしても、物事が好転するわけではありません。運や人というものは、自分が好き勝手に動かせるものではないからです。

自分の力で変えられないことをあれこれ考えるよりも、変えられることを考える方が建設的。そして、あなたがすぐに変えられるのは、自分自身のことです。学ぼうと思えば学ぶことができ、他人に対して誠実であろうとすれば、そうなれます。

自分の力の及ぶ範囲で懸命に生きる。その謙虚な姿勢こそが、目の前の現実を動かしていくのです。

コラム

論語と日本①

　中国に起源を持つ論語が日本に伝わったのは、４世紀後半と言われています。そこから、徐々に論語は人々の間に広まっていきます。

　紆余曲折はあるものの、日本で儒教が正式な学問として確立したのは江戸時代になってからです。

　第五代将軍徳川綱吉の時代には、儒学講義の場として湯島《ゆしま》聖堂が建立され、近代教育発祥の地とされています。儒学を教えた藩校《はんこう》（諸藩が藩士を育成するために建てた学校）としては、弘道館《こうどうかん》や致道館《ちどうかん》などが有名です。

　明治時代には、本格的な中国様式の長崎孔子廟《ながさきこうしびょう》が建てられています。

　論語の言葉は、現代の日本でもよく知られています。「過ぎたるは猶《な》お及ばざるがごとし」「義《ぎ》を見て為《せ》ざるは、勇なきなり」は有名な文句ですし、「温故知新《おんこちしん》」「切磋琢磨《せっさたくま》」「巧言令色《こうげんれいしょく》」などは、日本語としてしっかりと定着しています。

第五章

チーム力を高める
人間関係

誠実さは心をつなぐ架け橋

四海《しかい》の内は皆《み》な兄弟《けいてい》たり

四海之內、皆爲兄弟也（顏淵第十二）

孔子の弟子の一人・司馬牛《しばぎゅう》は、孔子を殺害しようとした兄の存在に心を痛めていました。同じく弟子の子夏《しか》に「みんなは兄弟仲良くしているのに、私だけ兄弟がいないかのようだ」と嘆いたところ、子夏はこのように答えました。

「生きることも死ぬことも、富や地位もすべては天命で、私たちにはどうすることもできません。兄弟がいないことを嘆き悲しむのではなく、どんな人も心から敬い、礼儀を尽くして接すれば、この世のすべての人が自分の兄弟だと思えるでしょう」

周りの人に心を開き、誠実な姿勢で向き合えば、喜びや豊かさを分かち合う、兄弟のように大切な存在と出会えるでしょう。

他人の姿に、改善のヒントあり

賢《けん》を見ては斉《ひと》しからんことを思い、
不《ふ》賢《けん》を見ては内に自ら省《かえり》みる

見賢思齊焉、見不賢而内自省也（里仁第四）

自分の姿や振る舞いは、自分では直接見ることができません。普段の生活で、他人に自分がどう映っているのかを知るのは難しいことです。「悠然と構え、軽々しい発言をせず、頼りがいのある人」になりたいと願い、そのように意識していても、他人からもそう見られているのかは、なかなかわかりません。

改善するためのヒントになるのは、人の行動を観察することです。人の行動というのは、良いものであれ、悪いものであれ、はっきりと見ることができます。良いものは吸収し、醜い振る舞いを見た時は、自分にもそういう面がないかを反省する。そうすれば、あなた自身の振る舞いも少しずつ良くなっていくでしょう。

人間関係の幅が、
人格の深みになる

君子《くんし》は周《しゅう》して比《ひ》せず、小人《しょうじん》は比して周せず

君子周而不比、小人比而不周（為政第二）

狭いサークルの中には、似たような価値観を持った人が集まります。見知った間柄で会話をするのは楽しいものです。自分の意見も受け入れられやすく、傷つく心配もないからです。

しかし、自分と同じような意見、同じような価値観を持った人たちとばかり付き合っていると、自分もまた偏った物の見方をするようになってしまいます。対立が起こりにくい場は平安をもたらしますが、世界が広がらないのもまた事実なのです。

自分の世界を広げたいと思ったら、様々な人と幅広く交流し、多様な考え方に触れましょう。そうすることで、バランス良く、深みのある人格を養うことができます。

喜びと成長を分かち合えるのが、本当の仲間

朋《とも》あり、遠方《えんぽう》より来たる、亦《ま》た楽しからずや

有朋自遠方來、不亦樂乎（学而第一）

強い理想を掲げても、周囲に理解されなければ、達成までの道のりが長くなります。孤独な状態で険しい道を歩むのは、誰にとっても困難なことでしょう。

人は、一人では生きていけません。仕事でも、信頼できて刺激を与え合える仲間がいることは、大きな励みになります。ただし、おしゃべりに興じるだけの相手は、仲間ではありません。

理想とする生き方を語り合い、励まし合う。時にはぶつかり合い、またお互いを認め合える。そんな仲間は、人生においてかけがえのない時間をもたらしてくれます。あなたの歩む道のりを、明るく照らしてくれるでしょう。

発言ではなく、その人の行動や振る舞いで判断する

徳《とく》ある者は必《かな》らず言《げん》あり。
言ある者は必らずしも徳あらず

有徳者必有言、有言者不必有徳（憲問第十四）

口では立派なことを言いつつ、行動が伴っていない人がいます。「言っていることと、やっていることが違うじゃないか」と感じた場合は、その行動から評価しましょう。

巧みな表現でどれだけ良いことを言っていても、発言にはコストがかかりませんし、うわべだけの言葉には重みがありません。本人に中身がなくても、上司や本の受け売りで、いくらでもそれらしいことは言えてしまうのです。

それに対して、行動にはその人の生き方や考え方、積み上げてきたものが如実に表れます。相手のことを本当に理解したいと思ったら、言葉ではなく、行動に注目しましょう。

自分を高め、磨いてくれる存在を友に

己《おの》れに如《し》かざる者を友とすること無《な》かれ

無友不如己者（学而第一）

人は、付き合う人に良くも悪くも影響を受けるものです。

仕事をしていると、様々な人たちと付き合うことになります。どうしても嫌な相手や苦手な人と一緒に仕事をしなければならない場面は、ほとんどの人に訪れるでしょう。

一方、プライベートでは付き合う人を選ぶことができます。「この人と一緒にいても実にならない、自分にも怠け癖がついてしまう」というような相手にまで気を遣う必要はないのです。

せっかく付き合う人を選べるのですから、どうせなら尊敬に値する、信頼のおける人を友人としましょう。その存在が、あなたの成長を促す、良い刺激になってくれます。

認めることで、相手と心がつながる

人の己《おの》れを知らざることを患《うれ》えず、
己れの人を知らざることを患う

不患人之不己知、患己不知人也（学而第一）

人から評価されたいと思うのは、自然なことです。しかし、それを気にするあまり、人から評価されないことに不満や苛立ちを抱くのは避けましょう。周りが見えなくなり、人間関係にも悪影響を及ぼしかねません。

人に認めてもらえないことを憂うより、まずは自分から人を認めるようにしましょう。周りにいる人の長所や才能に気づく心を持ち、評価するのです。すると自分の至らなさや弱点も見えてきて、謙虚に成長しようという気持ちになるでしょう。

人の良さを認めれば、自分もまた評価される存在に近づいていけるのです。

信頼関係を土台にして、自分の意見をしっかり打ち出す

君子《くんし》は和《わ》して同《どう》ぜず、小人《しょうじん》は同じて和せず

君子和而不同、小人同而不和（子路第十三）

人から同意を求められて、自分ではそう思っていないのにもかかわらず、事を荒立たせたくないために「そうですね」と相槌を打ってしまう……多くの人に経験のあることでしょう。

対立が面倒だからといって人の意見に同調するのは、何も考えていないのと同じこと。そのような姿勢を続けていれば、いずれは誰もあなたに意見を期待しなくなってしまいます。

意見の対立は、「敵対」ではありません。違う考えをぶつけ合えるのは、お互いの信頼関係があってこそ。自分の信念をねじ曲げることなく、意見をまっすぐに伝えられる。そんな気持ちの良い人間関係をつくることが肝心なのです。

与えないことも思いやり

憤《ふん》せずんば啓《けい》せず。悱《ひ》せずんば発《はっ》せず

不憤不啓、不悱不發（述而第七）

部下が仕事で障害にぶつかりそうな時、先回りして、すぐに助けてあげるのは親切なように見えます。しかし、結局は部下のためになりません。

考えるより前に手を差し伸べていると、部下はいつまでたってもあなたに頼ることしかできず、自分から仕事に対して責任を感じ、課題を解決していこうという意識を持つことができません。あまりに何でも与えてしまうと、部下の伸びしろを奪ってしまうことにもつながるのです。

部下がどうにかしようと悩み、自分なりの解答を出した段階で、簡単なアドバイスをすれば、部下にとって十分な励みになります。

偏りのない目で、冷静な判断を

惟《た》だ仁者《じんしゃ》のみ能《よ》く人を好み、能く人を悪《にく》む

惟仁者能好人、能悪人（里仁第四）

部下を公正・適正に評価することは、非常に難しいものです。

好き嫌いが評価に影響しないようにしなければなりませんが、部下のすべての行動を数字で評価することはできないので、意識していないと自分の主観が入ってしまうものです。

部下への評価に偏見が混じっていると、部下のモチベーションは下がり、あなたや会社への不信につながります。部下を評価する人間は、同時に部下に評価されるのです。

自分の物の見方や判断が偏らないようにするために、一律の評価指標をつくるなど、客観的な判断ができる工夫をすることも必要なのです。

状況を見極め、柔軟に判断するのがリーダーの条件

君子は器ならず

君子不器（為政第二）

組織の中には、必ず役割分担があります。

特定の能力に秀で、与えられた役割を徹底的にこなすスペシャリストは、物事の達成に欠かせない存在です。しかし、スペシャリストだけでは、全体の流れがうまく把握できず、進行が滞ってしまう恐れもあるでしょう。

仕事を円滑に進めるには、全体の流れを把握し、ボトルネックになっているところや、重要度の高い部分に優先的に人を割り振る必要があります。その役割を担うのがリーダーです。

リーダーは、特定の仕事だけに対応するのではなく、様々な分野に関われる柔軟性や視野の広さが必要なのです。

正しい道を歩めば、自然と人はついてくる

其《そ》の身正しければ、令《れい》せずして行《おこ》なわる。
其の身正しかざれば、令すと雖《いえ》ども従《したが》われず
其身正、不令而行、其身不正、雖令不従（子路第十三）

リーダーには多くの権限が認められます。

この権限は、仕事をより効率的に行うためのものであって、私的な利益のために行使していいものではありません。だからこそ、権限を託されたリーダーは、清廉を保ち、正しい道を歩むことが求められるのです。

リーダーだからといって、部下に仕事を押しつけ、楽をしようとしていれば、部下にその魂胆ははっきりと見えてしまいます。そんなことを続ければ、いずれ誰も従わなくなるでしょう。

人の上に立つ者としての自覚を持ち、正しい行動を選んでいくこと。そうすれば、強く命じなくても、部下はついてくるでしょう。

個性が輝いてこそ、理想のチーム

知《ち》者《しゃ》は水を楽しみ、仁《じん》者《しゃ》は山を楽しむ

知者樂水、仁者樂山（雍也第六）

知恵を得た知者は、川のように流動的な思考を持ち、物事に柔軟に取り組みます。落ち着きを持つ仁者は、山のようにどっしりと構え、多少のことでは揺るがない強さを秘めています。どちらも、それぞれに良さを発揮し、活躍しています。

チームの中には、色々な人がいるのが当たり前。変化に応じて機敏に動く人もいれば、目標に向けて粘り強く努力を重ねる人もいるでしょう。もし、チーム全員が同じような個性だったら、組織としての良さは出てきません。異なる能力を掛け合わせることで、より大きな事業を成し遂げることができるのです。多くの個性がきらめき、全体として調和している。それが理想のチームの条件です。

コラム

論語と日本②

日本は、その歴史の中で、発展した中国の文化を積極的に取り入れながら、独自の文化をつくりあげてきました。論語を始めとする儒教思想も、夏目漱石など、日本を代表する文化人に影響を与えています。

そして同時に、儒教は日本の社会にも大きく関わってきました。

上下関係を厳しく説く儒教思想は、江戸時代、幕府に重んじられ、封建体制を維持する役割を果たしました。１７９０年には、儒教の中でも特に上下関係や礼節を重んじる朱子学以外の学問を禁止しています。

その江戸時代を終わらせ、明治維新を推進する力になったのもまた、儒教です。実践的な儒教である陽明学に影響を受けた吉田松陰は討幕を計画し、失敗しますが、その教えを受けた伊藤博文、山縣有朋は、明治時代に日本の近代化を強力に推し進めたのでした。

第六章

人生を豊かにする向上心

強い心は一朝一夕では育たない

仁者《じんしゃ》は憂《うれ》えず、知者《ちしゃ》は惑《まど》わず、勇者は懼《おそ》れず

仁者不憂、知者不惑、勇者不懼（憲問第十四）

将来をくよくよと心配したり、どのように生きていけばいいかであれこれ迷ったり、やると決めたことでも、いざ実行する段となると怖気づいてしまう……臆病な心は、敢然《かんぜん》とした決断や行動を鈍らせてしまいます。

とはいえ、生まれ変わるようにいきなり、崩れることのない強い心を持とうとするのは無理があります。体と同じように、心も少しずつ育っていくものです。

そして、努力や実績を積み重ねていくことで、心配を取り除き、迷いを減らし、恐れをなくしていけるもの。強い心は、そのようにして少しずつ育てていくしかないのです。

謙虚な心が、成長や発展につながる

敢《あ》えて後《おく》れたるに非《あら》ず、馬進まざるなり

非敢後也　馬不進也（雍也第六）

「実るほど頭《こうべ》を垂れる稲穂かな」という言葉もあるように、充実した人生を送っていればいるほど、威張ることは少なくなり、尊大な態度を取ることはなくなっていくものです。

いくら多くの成功をおさめ、偉業を成し遂げたとしても、それを鼻にかけるような人は、結局それまでです。人に対して形だけ謙虚であればいいというものではありません。残した結果に満足し、それを誇っていると、そこで成長は止まってしまうのです。

何かを成し遂げたら、それを振りかざすのではなく、次へ向かう姿勢を持ちましょう。一つの成功に満足することなく、生涯をかけて、自分を成長させていく意思を持つことが肝心なのです。

どんな時も、
バランス感覚は失わない

過《す》ぎたるは猶《な》お及《およ》ばざるがごとし

過猶不及也（先進第十一）

部下の仕事や状況に対して無関心で、自分の仕事にだけかまけているのは、上司として失格です。かといって、部下の仕事に一から十まで口を出すのも、また間違い。要点を押さえつつ、適度に見守る姿勢が必要です。

営業に際しても、積極的に自社アピールを行うのは重要ですが、相手の都合を考えず、毎日足を運ぶようなことをするのは逆効果です。

熱意を持って物事にあたるのは大事なことですが、節度を守って動くことも忘れてはいけません。何事も適切に、バランスを取ることが大切です。

思い込みやこだわりを捨て、柔軟な発想を持つ

子《し》、四《し》を絶《た》つ。意《い》なく、必《ひつ》なく、固《こ》なく、我《が》なし

子絶四、毋意、毋必、毋固、毋我（子罕第九）

従来のやり方や特定の進め方にこだわっていると、他の方法に目がいかなくなるもの。

頑固でいると、一つのことに縛られ、それ以外の可能性を捨ててしまいます。そして「こうでなければならない」と、自分の考えややり方を他人に無理強いすれば、無駄な反感を生むことにもなってしまうのです。

自分の考えにとらわれず、もっと優れた方法はないか、取り入れた方が良い意見はないか、柔軟に考える姿勢を持ちましょう。

そうすることで多くの選択肢の中から最適なものを選ぶことができ、成果も評価も上げることができるのです。

若者から学べ

後生《こうせい》畏《おそ》るべし。
焉《いずく》んぞ来者《らいしゃ》の今に如《し》かざるを知らんや

後生可畏也、焉知來者之不如今也（子罕第九）

入社したばかりの新人と、長年勤めている上司では、知識や経験に歴然とした差はあるもの。

しかし、若者だからという理由で、自分の方が優れていると思い込んでいては、あっという間に抜かされてしまいます。若い人は色々なことをどんどん吸収し、学ぶことによって、飛躍的に成長を遂げていくからです。

自分の立場が上だからといって相手を下に見るのではなく、若者の成長の手助けをしながら、新しい世代ならではの発想や考えに触れ、自らも成長していく。若い人たちとは、そんな関係を築くのが理想です。

今日の内省が、
明日の自分を高める

吾《わ》れ日に三《み》たび吾が身を省《かえりみ》る

吾日三省吾身（学而第一）

生き方を改善するヒントは、生活の中にあります。それを見つけるために、論語では「一日に3回反省する」ことを説いています。

あなたも一日の終わりに、ゆっくりとその日を振り返ってみましょう。反省するべき点や改善できる点を洗い出してみるのです。「今日のプレゼンはもっとうまくできたのではないか」「会議でこんな発言をするべきだった」「今日は忙しくて、部下に声をかけることができなかった」など、色々なことが思い浮かぶはずです。

毎日を完璧に過ごせる人はいません。ですが、その日その日を振り返り、不出来な部分を改めていくことで、次の日をよりよく過ごせるようになっていくのです。

自分がなすべきことを見失わない

命《めい》を知らざれば、以《もっ》て君子《くんし》たること無きなり

不知命、無以爲君子也（堯曰第二十）

誰でも、組織に属している限り、様々な仕事や役割を担っています。しかし、その中で本当に自分の果たすべきものが何かを自覚できている人は、どれだけいるのでしょうか。

自覚ができていないと、迷いや悩みに振り回されたり、目の前の利害関係にとらわれてしまったりします。すると、あなたの能力や才能を発揮する場を逃してしまうかもしれません。

時には立ち止まって、自分のなすべきことを見直してみましょう。その時に指針になるのは、あなたのその働きによって、家族や会社の助けになっているのかどうか。そうして自分の役割を意識することで、人生はより豊かなものになっていくのです。

コラム

年齢別に目標を

広く親しまれている論語の中でも、最も有名なのは「吾《わ》れ十有五《じゅうゆうご》にして学に志す」（為政第二）かもしれません。これは孔子が、自らの人生の軌跡を簡潔にまとめたものとして読むことができます。

15歳…学問を志す
30歳…自主・独立する
40歳…迷うことなく、自分の信じる道を進むようになる
50歳…自分が何のために生きているのかを知るようになる
60歳…他人の言葉を素直に聞けるようになる
70歳…思うままに振る舞っても、道を外すようなことはなくなる

これを孔子の生涯として読むのもおもしろいのですが、自分自身の人生に照らし合わせ、将来の目標を立てるのに役立てることもできます。

孔子と同じような人生を送る必要

はありませんが、区切りとなる年齢ごとに、理想の自分をイメージして、目標を立ててみるのです。

「35歳までに人生の伴侶を見つけたい」「40代では全社的な大きなプロジェクトを任されたい」「60代以降は趣味を楽しもう」など、大きな目標を立てれば、今自分がするべき短期的な目標も見えてきます。

例えば3年後にある試験に合格したいなら、「2年後までに一通りテキストをマスターしなければならない」ということがわかります。そのために1年間何をするべきか、1か月後、1週間後の課題は何かもわかってきます。

遠い先の未来を思い描けば、目の前の道に光が照らされます。遠い目標も、一日一日の積み重ねによって到達できるのです。

論語について

論語は、二千数百年前に孔子の弟子によって編纂された、儒教の経典です。『大学』『中庸』『孟子』とともに「四書」の一つに数えられます。

孔子が生きた春秋時代は、各地で領土や地位を奪い合う荒れた時代でした。孔子は、そんな世を憂いて「仁」、つまり思いやりの心を唱え、秩序を回復した世にしていくことを説きました。編纂後には、古注と呼ばれる魏の何晏《かあん》の『集解《しっかい》』、新注と呼ばれる南宋の朱熹《しゅき》の『集注《しっちゅう》』を代表として、多くの註釈書がつくられました。

論語の内容は、孔子とその弟子たちとの日常会話が元になっています。孔子の人間らしさが要所要所で垣間見えるのも、多くの人に親しまれる一因になっていると言えるでしょう。

中国では、四書が重視された宋の時代に、論語は官僚登用試験の科挙の科目の一つとなっていました。16世紀には、イエズス会の宣教師によってフランスに渡り、貴族の間でブームが巻き起こったほか、儒教はヴォルテールやモンテスキューなどの思想家にも影響を与えました。その他にも、各国で多くの人に愛読され、東洋世界最大のベストセラーと言われています。

［監修］

野村茂夫（のむら しげお）

1934年、岐阜県生まれ。58年、大阪大学文学部哲学科中国哲学専攻卒業。63年、同大学大学院文学研究科博士課程単位修得退学。大阪大学助手、愛知教育大学助教授を経て、愛知教育大学教授に。87年退官、名誉教授に。その後、皇學館大学教授を務め、2006年退職。名誉教授に。現在はNHK文化センター講師などを務める。著書に『老子·荘子』（角川ソフィア文庫）、『荘子』（講談社）、『中国思想文選』（共編・学術図書出版社）など。監修書に『論語エッセイ』『くり返し読みたい論語』『ビジネスに役立つ菜根譚』『人生を勝ち抜く 孫子の兵法』『シンプルに生きる 老子』（いずれもリベラル社）など。

安本博（やすもと ひろし）

1938年、兵庫県出身。大阪大学大学院文学研究科博士課程単位取得満期退学。中国哲学専攻。愛知大学名誉教授。著書に『春秋左氏伝』（角川ソフィア文庫）、共著書に『中国哲学を学ぶ人のために』（世界思想社）、『論語の世界』（新人物往来社）、『中国思想概論』（高文堂出版社）、『中国思想史 上』（ぺりかん社）など。

[画]

臼井治（うすい おさむ）

日本画家、日本美術院 特待。愛知県立芸術大学大学院美術研修科修了。師は片岡球子。愛知県立芸術大学日本画非常勤講師、同大学法隆寺金色堂壁画模写事業参加を経て、現在は朝日カルチャーセンターなどで日本画の講師を務める。また、国内のみならずリトアニア、台湾など海外での個展も開催。近年は、坂東彦三郎丈の「坂東楽善」襲名披露引出物扇子原画制作など多岐にわたり活躍中。

[参考文献]

論語（岩波文庫）／現代語訳 論語（岩波現代文庫）／論語入門（岩波新書）／論語と算盤（角川ソフィア文庫）など

監修	野村茂夫・安本博
文	柴萩正嗣
画	臼井治
装丁デザイン	大場君人
装丁フォーマット	宮下ヨシヲ（サイフォン グラフィカ）
本文デザイン	渡辺靖子（リベラル社）
編集	廣江和也・渡辺靖子（リベラル社）
編集人	伊藤光恵（リベラル社）
営業	津田滋春（リベラル社）

編集部　堀友香・山田吉之・安田卓馬
営業部　津村卓・廣田修・青木ちはる・澤順二・大野勝司・竹本健志
制作・営業コーディネーター　仲野進

※本書は2016年に小社より発刊した『ビジネスに役立つ論語』を文庫化したものです

人生を導く 最強の論語

2020年9月26日　初版

編　集　リベラル社
発行者　隅田 直樹
発行所　株式会社 リベラル社
〒460-0008　名古屋市中区栄3-7-9　新鏡栄ビル8F
TEL 052-261-9101　FAX 052-261-9134　http://liberalsya.com
発　売　株式会社 星雲社（共同出版社・流通責任出版社）
〒112-0005　東京都文京区水道1-3-30
TEL 03-3868-3275

©Liberalsya 2020 Printed in Japan　ISBN978-4-434-27910-2
落丁・乱丁本は送料弊社負担にてお取り替え致します。